若手社員のメンタ

JN121361

ストレスとつきあう7つの基本

中央労働災害防止協会

はじめに

仕事を覚えて、自分のやりたいことをどんどん実現していこう！

でも、不安でなんだかちょっと元気が出ない・・・
そんなことはありませんか？

　学生生活とは異なり、毎日決まった時間に通勤し、いろいろな世代の上司や先輩に囲まれながら、仕事のやり方を覚えていく毎日。新しい環境に慣れていくには、心の負担を感じることが少なくありません。

　はじめてのことが多いのですから、失敗をしたり、不安になったり、対応できない自分にイライラするのはごく当然のことです。

心の状態をチェック！
こんな時は要注意

食欲がない

よく眠れない

疲れがとれない

言いたいことが
伝えられない

ヤル気がでない

Contents

働くということは、あなたが労働という価値を提供し、その対価として、会社から報酬（お金）をもらうことです。仕事は、上司の指示にしたがって行い、一定の期間に成果を上げることを求められます。そのためにはスキルアップの努力を続け、それに応えなくてはなりません。

社会人として働き、報酬を得ていくには、こうした心の負担となるストレスにうまく対処していくことが必要です。

この冊子では、自分の心の状態を見つめ、何があなたの負担になっているのかに気づき、対処する方法を紹介します。社会人としての生活を、よりよい方向に進めていけるよう、対処法をはじめてみましょう。自分の能力を発揮し、向上させることは、充実感につながります。

自分の健康を守ることができるのは、あなた自身です。

つの基本

ストレスとうまくつき合い
いきいきと働ける自分になる

身につけると‥‥

① ストレスに気づく ～心とからだへの影響～ ストレス反応が出ていませんか？

適度なストレスは、仕事や生活によい緊張感をもたらしますが、過剰になると仕事の能率を下げたり、ミスを誘発したり、心やからだの不調となって現れてきます。

気づかないうちに、ストレスに対する反応が現れていないかチェックしてみましょう。

ストレスに対する反応

からだに現れるサイン

よく眠れない、すっきり起きられない
食欲がない
頭痛、胃痛、便秘、下痢
首や肩のこり、腰痛・腹痛、
血圧が高くなる
耳鳴りやめまい

行動に現れるサイン

集中できない
遅刻や早退、欠勤
お酒やたばこの量が増える

心に現れるサイン

気分が落ち込む、やる気が出ない、
イライラする、不安、怒りっぽくなる
悲しくなる、自分を責める

あなたが感じているストレスの原因はなんでしょうか？

● 職場で ●

人間関係

- 上司と話すときは緊張して、しどろもどろになってしまい、いつも叱られる。

- 上司や先輩に声をかけにくく、必要な連絡や報告も、おっくうになってしまう。

仕　事

- 覚えることが多すぎて、いつも緊張している。

- いつも、またミスをしないか、と不安でしかたがない。

- 同期は、どんどん仕事を覚えている。差をつけられているようであせる。

理想と現実の違い

- 自分が、やりたかった仕事を担当できそうにない。

- 職場の雰囲気が、冷たい感じがする。

● 職場以外で ●

- 知人や友人のSNSをいつもフォローしてしまう。

- 友人は自分よりずっと充実しているようで、落ち込む。

- 借金や病気、家族のことなど、心配ごとがある。

これらのストレスにうまく対処していくにはどうしたらよいでしょうか ▶

② 職場で必要なコミュニケーション

　ストレスの原因の多くが、職場の人間関係から生じています。コミュニケーションの基本を身につけ、ストレスを回避しましょう。

1 報連相（報告・連絡・相談）

必要な情報を共有し、仕事をスムーズに進めるための基本です。ポイントをつかんで行いましょう。

報告 上司や先輩からの指示、依頼に対しての状況や結果を知らせること

連絡 必要な情報を関係者に通知すること。一対一だけでなく多人数に対することもある

相談 自分で判断できない、解決できない場合などに、上司や先輩からアドバイスをもらうこと

報連相のポイント

● まず相手に、報告、連絡、相談のうち何を行うのか、どのくらい時間を要するかを伝える。

● 結論から話し、5W1Hを意識して、要点を簡潔に話す。

● 事実と意見を整理して話す。憶測は控える。

報告はいつすればよい？ タイミングをおさえる！

● 仕事が終わったとき（長期の仕事の場合は中間報告を）

● ミスやトラブルがあったときは直ちに
　バッドニュースファーストで！（悪い知らせは最初に）

● 仕事の進め方に変更や修正が必要なとき

連絡を受けたら

● きちんとメモをとり、復唱する
　(聞き間違い、勘違いを防ぐ)

● 分からないことは、聞き直して確認し、
　曖昧なままにしない

相談のコツ

● 相手の都合を尋ねる

● 予め自分の考えをまとめておく

● 相談相手は直属の上司、
　簡単なことは年齢の近い先輩でよい

● 相談結果の報告も忘れずに
　相談相手はあなたのことを
　気にかけてくれている

5分ほどお時間ありますか?
A社の対応でアドバイスを
いただきたいのですが

見た目が大事! 身なり、態度をきちんと

　コミュニケーションは、言葉によって伝えられることと、身振りや表情、しぐさ、声のトーンなどで伝わることの、大きく2つに分けられます。意外かもしれませんが、話している内容そのものよりも、見た目や印象で伝わる情報の方が、大きな要素を占めています。

　せっかく頑張っていても、見た目で損をすることがあります。きちんと認めてもらえるよう、姿勢、身なり、態度も整えるよう意識しましょう。

印象アップの3つのポイント!

話すときには、

① 相手の方向にからだを向け

② 目を見て

③ 背筋を伸ばして

② 相手も自分もOKなコミュニケーション （うまく伝えるコツ）

上司の指示に従って仕事をこなすのが基本ですが、自分の納得がいかないまま、仕事を続けているとストレスがたまってしまいます。

アサーティブな（相手の意見も尊重しつつ、自分の考えをうまく伝える）コミュニケーションの方法があります。上手に自分の主張をすることで、仕事がうまく進みます。

例 夕方に、急を要する仕事を先輩から頼まれました。
このままだと残業です (ノД`)…。

❶　**自分が我慢**　　　　　　　　　　　　**相手はOK**

しょうがないな…

後輩なんだからやってくれなくちゃ困るわ。口答えしないで。

❷　**自分の考え、気持ちだけ主張**　　　　**相手が我慢**

残業できません！僕ばかりに押し付けないで！

仕方ないな…。彼にはもう頼めないわ。

❸　**自分もOK**　　　　　　　　　　　　**相手もOK**

今日は、前々から予定があって難しいのですが、明日であれば対応できます。

外せない予定があるなら、今日は仕方がないわね。次は、お願いね。

アサーティブな表現をする5つのポイント

● 相手の主張を、いったんは受け止める

● 「私は」どうなのかを伝える

● 感情的にならず、落ち着いて話す

● 回りくどい言い方をせずに、シンプルに

● 自分と相手の意見と立場の両方を尊重して、双方が歩み寄る

アサーティブな伝え方の例

● 自分の責任でないミスをとがめられたら…
➡ 「誤解があったかもしれないのですが、私のミスではないのです。」

● 先輩から食事に誘われて・・・
➡ 「お誘いありがとうございます。今日は英会話のレッスン日なので
ご一緒できないのです。明日はいかがでしょうか。」

あなたのコミュニケーションをチェック！
自分から働きかけを始めましょう

よくできている…◎　　できている…○　　あまりできていない…△

Check	実践項目	こんないいことが・・・
	自分からあいさつする	あいさつはコミュニケーションの基本中の基本。会話のきっかけにもなります。
	名前を呼んで話しかける	名前を呼ぶことは、その相手を認めていることにつながります。
	率直に考えや意見を言う	はっきりとしない言い方や態度は、誤解のもとです。
	上手に尋ねる	問い詰めたりせず冷静に尋ねることで、双方の理解が深まります。
	感謝の気持ちを伝える	相手はまた、あなたの役に立ちたいと思ってくれます。
	相手の話をきちんと聴く	しっかりと聴く態度によって、相手はまた、あなたに情報を伝えたくなります。

まずは3つ以上の「◎」をめざそう！

③ ストレスを大きくしてしまう 自分の考え方への対処法

　ものごとを悲観的、否定的なとらえ方をすると、ストレスを大きくしてしまうことがあります。人によって、ものごとのとらえ方には特徴があるので、それに気づくことが大切です。

　あなたは、ふだん、どのようなもののとらえ方や考え方をしがちですか？

　合理的で、柔軟な考え方に修正することによって、ストレスを軽くすることができます。

ゼロイチ思考
ものごとを「白か黒か」「成功か失敗か」の両極端に分け、わずかなミスでも完全な失敗と考えてしまう。

こう直そう！ ものごとには中間もある。アナログ的にとらえよう

❌ ケアレスミスを指摘された！ もうだめだ！

⬤ ➡ ミスをしていない部分を 評価しよう

決めつけ思考
感情のみを根拠として、自分の考えが正しいと決めつけてしまう。

こう直そう！ 自分の考えに偏りがないか、違う立場や角度からみることはできないか考えてみよう

❌ Aさんはいつも、オイシイ仕事ばかりで、運がいい！ 自分は、雑用ばかりで、恵まれていない

⬤ ➡ 業務分担の違いがある？ Aさんがうまくいっている理由は？

深読み思考

根拠もないのに相手の気持ちを一方的に憶測で決めつけてしまう。

こう直そう！ なぜそう思ったのか考える。場合によっては、素直に相手に問いかけ、確かめよう

✕ 私が挨拶しても返してくれない！何か嫌われるようなことをしたのかしら

◉ ➡ たまたま心配事や具合が悪かっただけで、気がつかなかったのかも

すべき思考

こうすべきだ、こうしなければならないと、必要以上に自分にプレッシャーをかけたり、他人を批判してしまう。

こう直そう！ ○○すべき！ ではなく、○○できればよい、とできているところに目を向けよう

✕ 期限に仕事がまにあわなかった！ もうだめだ！

◉ ➡ 事情を話してできたところまで、報告しよう

自分が悪い思考

なにか良くないことがあると、全部自分が悪いと考え、自分を責めてしまう。

こう直そう！ 良くないことが本当に自分の責任か、一つひとつ事実や責任の所在を考えてみよう

✕ 自分の仕事がもとで、リーダーが部長に怒られてしまった！

◉ ➡ リーダーが怒られている理由は本当に自分の仕事のせい？自分の責任なのか、考えてみる

ズーン

11

4 ヤル気を保つ仕事への取組み方

　働いていると、仕事をつまらなく感じたり、ヤル気が低下したりすることもあります。
そんなときは、ひと呼吸おいて、自分の仕事の仕方に変化や工夫を加えてみましょう。
そうすると気持ちが上向き、意欲が高まります。また、プライベートの場面でも変化を
つけてみると、新しい気づきが得られ、仕事にも良い影響が生まれます。

1 自分の成長を実感！

- 毎日の仕事の内容や手順、所要時間などの目標を決めて、
  達成したかをチェック
- 知識やスキルの習得に時間がかかる場合は、
  計画を細分化して一歩ずつステップアップ

大きな目標

小さなステップ

> 小さな目標を1つずつ達成する
> ことで、自分の成長を実感でき、
> 自信につながります！

2 工夫改善が面白い！

- はじめのうちは、上司の指示に従って働くことが基本
- 仕事に慣れてきたら、作業がよりスムーズに進む工夫や、
  時間の短縮につながる新しい方法を提案してみる
- 方法を変えるときは、上司への「報連相」を忘れずに！

> 日頃から工夫や改善を意識することで、
> 仕事の達成感やおもしろ味を感じる
> ことができます！

❸ 自分の仕事にはどんな意味が？

● 退屈したりつまらないなと感じたら、視点を変えてみる
● 最終的にどんな成果につながるか、社会や人々の
　生活にどう役立つか考える
　（どうしても分からなければ、先輩や上司に確認する）

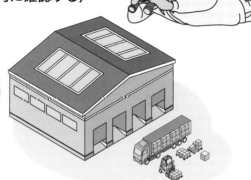

自分の仕事の意義や価値が
見いだせると"やりがい"が高まり、
仕事に集中できるようになります！

❹ 自分が変われば相手も変わる？！

● 「苦手な顧客には連絡が遅れがち」、「上司が忙しそうなので話しにくい」…。
　そんな状態で働き続けると、仕事が嫌になり、"やらされ感"が膨らむ
➡ 早めに連絡をとったり、小さなことでも提案してみるなど、自分の行動を変えてみよう！

相手との関係にも変化が生まれ、
人間関係や仕事の幅が広がり、
仕事への意欲が高まります！

❺ 世界を広げよう！

● 職場の人間関係の中だけで過ごしていると、
　話題や考え方が固定しがち…
➡ 社外の友人との会話や、関心のある
　外部セミナーへ参加しよう！

新しい刺激や気づきが得られ、
視野が広がり、結果的に仕事への
取組みを充実させます！

⑤ ライフスタイルを整え、ストレスに強くなる

　心の健康を保つには、良い睡眠をしっかりとって心とからだを休め、1日3食、栄養バランスの良い食事をとることが大切です。

　若いうちは体力に自信があり、睡眠時間を削ったり、食事を抜いたりして、無理をしがちですが、長い目で見ると、いい仕事にはつながりません。

質のよい睡眠を十分にとる

　睡眠は、からだを休めるばかりでなく、脳にとっても休養をもたらします。良い睡眠は、心の安定をもたらし、判断力や集中力を上げ、ミスや事故を防ぎます。

睡眠中は頭とからだのメンテナンスが行われています…

頭の中では…
脳を休ませ、膨大な情報の整理を行い、明日からの活動に備える準備をしています。

からだの中では…
成長ホルモンが分泌されからだの組織が修復されます。
また、免疫力を高めて病気を防ぎます。

zzz…

休日の寝だめで、睡眠の先取りはできません！

ぐっすり寝るには？

決まった時刻に起き、朝日を浴びる

　活動開始のスイッチが入り、体内時計がリセットされます。夜決まった時間に眠れるようになります。

寝る前にリラックス

　食事は寝る2時間前までに！ ぬるめの入浴、ストレッチ、アロマでゆったりします。

寝酒、タバコ、スマホはNG

　寝酒やタバコは覚醒効果があり、睡眠の質を悪くします。スマホやテレビのブルーライトも脳を刺激し、眠りにくくします。ゲーム依存に陥らないよう注意しましょう！

朝食をきちんととる

　眠りから覚めた朝のからだはエネルギー切れの状態。栄養素の中でも、糖質は体内にためておける量が限られ特に不足しています。最も糖を必要とする脳がエネルギー不足では、朝からよいパフォーマンスを上げられません。

食事は賢くとる！栄養バランスを考える

　私たちは、からだに必要な物質を食事でとっています。脳がきちんと働き、心の安定をもたらすために必要な物質もまた、食べ物から摂取しています。

　例えば、うつ病に関連が深い脳内の神経伝達物質のセロトニンの原料は、タンパク質に含まれています。ストレス耐性を高めるためには、ビタミンCやカルシウムを充分にとると良いといわれています。

ごはんプラス一汁三菜を基本に！
外食なら一品ですませず、
定食を選ぼう

食事は楽しく、みんなで！

同僚や、家族や友人などとの
コミュニケーションの機会に

6 自分に合ったリフレッシュ法を

オンとオフの切り替えを上手に

　心身の調子を大きく崩さないためには、こまめにストレスを解消することが大切です。ストレス要因から距離をおき、すぐに解決できない問題は、ひとまず置いておき、心のエネルギーを充電します。

　休日には、頭を切り替えて、自分の好きなことに時間を費やしましょう。生活にメリハリをつけることで、心とからだがリフレッシュされます。

からだを動かす

　からだを動かすことも良い気分転換になります。運動すると、心の安らぎをもたらす脳内の神経伝達物質「セロトニン」の分泌が促されます。

趣味の世界にひたる

　嫌なことが忘れられてストレスも発散できます。新しい友人ができるかも。

家族や友人と過ごす

　気楽に付き合える人と過ごす時間は、安らぎと元気を与えてくれます。

マインドフルネス ～誰にでもできるシンプルな休息法～

　マインドフルネスとは、瞑想やヨガの手法を取り入れたストレス対処法です。もともとは、患者の痛みを軽減する治療法として開発されたものですが、最近は、疲れた脳を休めたり、集中力や直感力などを向上させる方法として、ビジネス界でも期待が寄せられています。

　気持ちばかりが焦る、集中力が続かない、疲れが抜けないといったときは、脳が疲労している可能性があります。マインドフルネス瞑想で脳を休めてみましょう。

マインドフルネスとは？

　人は無意識に、過去や未来のことを思いめぐらせ、それらにとらわれてしまいがちですが、"今、ここ"に集中することで、そのような心の状態を改善しようとする方法です。

過去のこと
どうしてあんなことを
してしまったのだろう

落ち込む

未来のこと
失敗したら
どうしよう

不安

現在
今を意識し、"今、ここ"に注意をむけます

マインドフルネス瞑想のやり方

- 肩の力を抜き、背筋を軽く伸ばして椅子に座る
- 目を閉じ、自然な呼吸をする
- 意識を、吸う、吐く、の呼吸に集中する
- 雑念が浮かんで来ても、消そうとせず、また呼吸に集中する
- 3～5分、毎日決まった時間に続けてみる

いつやればいい？

❶朝起きたら　❷通勤電車の中で　❸ランチを食べて席に戻ったら　❹夜寝る前に

7 心の健康を守る制度と相談の効果

ストレスチェック

　職場では年に一度、ストレスチェックが行われます。

　これは心の健康診断です。結果をみて、セルフケアに役立てましょう。高ストレスで医師の面接指導が必要との結果が出れば、希望により医師の面接指導が受けられます。

安心して受けよう！

● ストレスチェックの結果は、担当した医師、保健師などから本人に直接通知され、あなたの同意なく会社に知られることはありません。

● ストレスチェックの結果や面接指導を受けたりすることで、仕事上、本人をマイナスに扱うことは、法律で禁じられています。

長時間労働者に対する面接指導制度

　長時間労働（1月あたり、時間外・休日労働が80時間以上の場合等）を行い、疲労がたまっている場合、本人の申出により、医師による面接指導が受けられます。

社会的な問題　過労死！

● 残業が重なったり休日出勤が続くと、十分な睡眠と休養がとれずに、心とからだの健康を害することがあります。

● 最悪の場合には、うつ病を発症して自殺に至ってしまったり、脳や心臓の病気になり、突然亡くなってしまうことも。

> 仕事によって命を落とすことがないよう、若いうちから、仕事と生活のバランスをとりながら働き続けよう！

相談相手を持とう

　ストレスを感じ、自分で解決するのは難しいと思ったら、上司や同僚、または家族や信頼のおける友人に相談してみましょう。

　自分が思っている以上に、たくさんの人たちがあなたのことを支えたいと思っているのです。

職場の先輩

　少し先を行く先輩は、あなたと同じ道をたどってきたはずです。仕事のコツ、上司や顧客との付き合い方などについてアドバイスを受けましょう。

友人・家族

　身近に相談できる家族や友人、知人がいることはとても大切です。たとえ解決に至らなくても、困っていることを話すだけで、自分の状況を整理できたり気持ちが楽になったりします。

　産業医、保健師、カウンセラー、相談窓口なども活用しましょう。

相談して話を聴いてもらうことの効果

相手に親しみ・安心感が高まる	共感して話を聴いてもらえることで、自分のことを分かってもらえたという安心感と相手とのつながりがうまれ、より深く自分を見つめることができる。
気持ちがすっきりする	胸のうちにたまっていたものを吐き出すことで、気持ちがすっきりし、ゆとりや冷静さを取り戻せて、客観的にものごとを見られるようになる。
自分のことが分かる	自分の気持ちや考えを話すことで、自分の新しい側面に気づいたり、周囲に対する新しい見方ができたりする。

若手社員のメンタルヘルス
ストレスとつきあう7つの基本

平成31年 1 月31日　第 1 版第 1 刷発行
令和 2 年 1 月21日　　　　　第 3 刷発行
編　　　者　中央労働災害防止協会
発 行 者　三 田 村 憲 明
発 行 所　中央労働災害防止協会
　　　　　　〒108-0023
　　　　　　東京都港区芝浦3丁目17番12号
　　　　　　　　　吾妻ビル9階
　　　　　　電話　販売 03-3452-6401
　　　　　　　　　　編集 03-3452-6209
ホームページ　https://www.jisha.or.jp/

デザイン・イラスト　ア・ロゥデザイン
印刷・製本　　株式会社光邦
定価（本体400円＋税）
ⒸJISHA 2019　21598-0103
ISBN978-4-8059-1856-2　C3060 ¥400E

執筆者 紹介：土田 悦子

中災防にて事業場の健康づくり、メンタルヘルス対策の指導支援に従事。2012年「メンタルヘルス・オフィスWillpower」を設立し、現在同代表。多くの企業でメンタルヘルス対策に関する教育・講演、コンサルティングおよび個別カウンセリングを行っている。シニア産業カウンセラー、心理相談員、キャリアコンサルタント、ヘルスケア・トレーナー